VENTANAS EN LA SELVA

Alberto Vázquez Cobián

COLECCIÓN ITES

VENTANAS EN LA SELVA

© Alberto Vázquez Cobián
© Prólogo: Roberto Osa
© Corrección ortotipográfica: Míriam Villares
© de esta edición: Olé Libros, 2024

ISBN: 978-84-10053-84-7
Depósito legal: V-4419-2024
Impreso en España

KALOSINI, S. L.
Grupo editorial olélibros
equipo@olelibros.com
www.olelibros.com

A mi madre que me enseñó a ver el mundo,
Carson McCullers, Boris Vian o el Rocky Horror Picture Show.
A exprimir las cosas bellas siempre,
A intuirlas en cualquier situación.

A toda una época y a todos los que la completaron.
Este es un poemario de transición.
De menearse la crisálida y buscar nuevas tierras.

A todas mis fans de Colombia y Venezuela.

Pues solo existe una gran aventura
y es hacia adentro, hacia uno mismo,
y para esa ni el tiempo ni el espacio,
ni los actos siquiera, importan;
HENRY MILLER; *TRÓPICO DE CAPRICORNIO.*

Y los gestos, los gestos reinventados —arca de nadie—,
mansamente en sus jaulas,
como ídolos antiguos en los museos de la cotidianidad;
RAFAEL S. MONTOJO, *PAISAJES PARA ABOLIR LOS GRITOS.*

And curtains laced with diamonds, dear for you
And all the Roman noblemen for you
And kingdom's Christian soldiers, dear for you
And melting ice cap mountains tops for you
Oh, oh, and knights in flaming silver robes for you
And bats that with a kiss turn prince for you
Swoop, swoop, oh, baby, rock, rock;
LOU REED; *ANDY'S CHEST.*

PRÓLOGO

Dentro de las ventanas

Cuando conocí a Alberto Cobián, escribíamos poco, pero bebíamos vino y vagábamos por un Madrid callado, y a veces una guitarra caía en sus manos y cantaba, y su canto era una amenaza susurrada al oído, y Alberto siempre tenía tiempo para otra canción, o para otro vino, o para el fin del mundo.

Al teclado o a la guitarra o mirando un trozo de papel, la mirada de Alberto era un fluido que calaba y era acogedor y daba gusto y miedo, y siempre estaba, como estos poemas, fuera del tiempo y del espacio, y nunca sabía yo, con mi existencia prosaica, ser digno de su universo.

Por suerte Alberto tuvo la desgracia de ser uno más en algún momento de su vida, mientras se llenaba de hastío existencial, convertido en aquel que produce y renuncia, y se puso a escribir estos poemas atravesados por la belleza dolorosa de alguna selva remota, que puede estar en Mérida, o en su cabeza, o en Lavapiés.

Dentro de esas ventanas, que encierran el diálogo entre música y escritura, y donde tropezamos con Henry Miller, con Bach, con Judas Priest o con el perro de Goethe, Alberto nos dispara insultos que se vuelven elogios, nos trae en sus versos ballenas y campos de aluminio, platos de ducha plagados de espigas y mujeres que lavan en los volcanes, y un mar tranquilo al que llamamos estúpida madurez.

En la poesía de Alberto truena la mentira, la negación y una abuela en bragas reinando entre el aceite de oliva y las cucarachas, se desliza en cada poema la biografía etérea de ese muchacho que ya no es, pero su pellejo sigue atrapado entre las uñas y sabe que de esa carne muerta no crecerán sonatas, sino las rendijas del paso del tiempo, ya sucio y elegíaco después de la derrota.

Asistimos en la lírica de Alberto al funeral de una nostalgia, que puede ser la misma que nos empuja al universo Cobián, al que se accede a través de una verdad y donde nos crece fruta en las mejillas, silbamos a pájaros sin plumas o comemos tostadas con un desconocido.

Alberto Cobián sufre con todo para que nosotros podamos disfrutar de su poesía, construye ventanas y selvas y cárceles deseables, como estos poemas, que son hermosura y silencio y exilio de nosotros mismos, como el aullido con el que nos anuncia el réquiem de la juventud, siempre atrapada en un vino, un poema o una canción.

Roberto Osa, octubre de 2024

I

Igual que las cosas se hacen
primero
y después inventamos su para qué

crecen rincones.
Estuarios.

En ellos no hay muerte.
En ellos no hay vida.
En ellos simplemente se está. Se sucede.
O se deja suceder.

El espacio no ocupa.
El tiempo no ocupa.
La posición no ocupa.
El resto no ocupa.

Todo se suplanta.
Como algas decorativas o animales de cartón.

Después se construye algo alrededor.
La ciudad olímpica.
Y lo hace significar.

Como si vivir se redujese a lo espontáneo
y todo tuviese una excusa
o como si necesitase comprar flores para poder rezar.

Mi excusa será
ese espacio inmediato.

2

Desplegar una producción extensa
y contemporánea
fue la obsesión de Mónica
durante el tiempo que pasamos
juntos.

Ahora descubro
aún a veces
me sorprendo en la ducha
o conduciendo
incluso follando

y esto empeora

que también he desistido de vivir

me he convertido en *aquel que produce*

por pura relojería
para calmar algo.

Desconocido
que gruñe
entonces vive
y se manifiesta

nunca duerme
pocas veces se calla
a la intemperie y sin invitación

aquel que produce
debe renunciar a lo demás
o tomarlo todo como una razón de diseño

o se enfrentará a la peor de las desgracias;

renunciar. renunciar. renunciar.

Y se aburrirá.
Y será su fin.

3

Esta mañana he madrugado,
efectos de la adolonta,
y, como no sé organizar las mañanas, son un territorio extraño,
he visto una entrevista a Henry Miller
en su casa
recorriendo el baño
hablando de su tercera esposa, Hori Miller,
que era pianista,
hablando de la música de las esferas
y de Tanizaki

y me he sentado al piano a tocar unos minutos
nunca seré un gran pianista
        tampoco un gran escritor

ha bajado mi casero molesto por el ruido
él tampoco madruga
y hemos desayunado un paté que traje del sur

escuchando a Hiromi y el *Place to be*

y creo haber entendido
los reinos inalcanzables son sencillos
y están al alcance de cualquiera que pueda
quitarle la piel a la técnica. O amar de forma honesta.

Hay belleza en dos notas o líneas o tostadas en invierno
si son de verdad propias
y nacen
y también algo nace y muere mientras se esculpen

como la velocidad portátil
de saberse observado por una madre.

4

Se puede habitar en la lucidez
constante
como caídas en la arena y el corazón en las tierras altas

      y se puede habitar en la lucidez
en apuesta arriesgada
como espera futurista y dopamina y sinfónica líquida

          y se puede habitar en la lucidez
de flecha curva
como el apego materno y las tallas breves

               y se puede habitar en la lucidez
genérica
como quien persigue nebulosas por su concentración de polvo.

5

Suena el *Walk on the wild side*
y quiero construir un sueño arquitectónico
un reino que reposa sobre una promesa terca

y te dejaré ser el rey de nuestro reino

ayúdame a buscar madera.

Tendrá una plaza móvil
y un teleférico que vibra y suena como la plata cuando se funde.
Pffss,

y habrá un parque central, de animales salvajes.
¡Eso serán las selvas!
Y les pondremos ventanas, colgadas de hilos que ascienden
alto
hasta aguantar por falta de gravedad.

Y habrá una inauguración en las calles
los lunes
que tú no trabajas
en las calles triangulares que cercan nuestra casa
que será
solo
en
parte
de cristal. Como en los cuentos nórdicos. Y la canción de Brel.

Pero en esa casa no se contará ni se engañará ni se esperará
la muerte de la abuela.

No habrá abuelas, ni mentiras, ni cuentos. Ni destellos
ni voces ni respiraciones.

Será como volver al útero. Conectados por las frentes.

Y si queremos despertar, nos desvelarán los ciervos de Xanabria
y la cascada del parque Europa.

Y todo será de seda. Hasta los veranos más áridos.

6

Pasa que la selva es también portátil
y viaja por el aire en la garganta de los pájaros.

Se crean manglares
espacios espesos aquí y allá
siempre y únicamente en las temporadas cálidas.

Y desde Chile
y la selva negra
y el fondo del océano
hasta el centro de Madrid

todo el mundo ha visto los árboles.
Y los incendios.

7

Cada nueva derrota atraganta más la idea.

Un viaje a Nepal a beber sopa de puerros zen
y
es
que
es
insoportable.

Cada derrota
acerca más.

Si hay un final, una línea invisible
una meta para alcanzar la pérdida absoluta de sentido
si está cerca o lejos
si es genética o se basa en las pequeñas tragedias
si hacen falta más que un atasco un viernes por la mañana
un reproche o cien reproches o diez cafés.

No habrá más respuesta que esperar,
pero, si llega,
si llega,
no me enteraré
lo veré en los ojos de la gente y será como ir mal vestido a misa
   y me miraré la camisa una y otra vez buscando la mancha
   y, si no la encuentro, si todo encaja, entonces habrá llegado
   y todo habrá perdido sentido.

Mi padre dirá que se lo esperaba

mientras tanto flotaré en una burbuja de gas
esperando caer el rayo.

8

Hace noches que sueño con un campo negro de centeno
negro, quizás porque está quemado o es tinta
de lata de calamar que aún sigue en mi mesilla.

Lo visito de forma cenital
   y creo que es comparable a cuando soñaba con campos de aluminio.

Estos eran fríos
     y en grano
     y formaban grietas en la tierra
     y erizaban el pelo.

Ambos tan bellos.

Aunque ayer no soñé con ninguno.

Ayer pude haber soñado con un pájaro verdoso
pero sin plumas.
     Verde su carne.

Y todo el tiempo imaginé que al final
o en cualquier momento volaría
sobre mis campos negros de centeno
o al menos a través de mis campos de aluminio.

Pero se limitó a posarse en una farola del barrio de Lavapiés.
Allí vive Rosario.
Salía con ella durante el periodo que soñaba con los campos de aluminio.

Y el último día que la vi vestía de verde pistacho,
 ¡pero el pájaro era verde turquesa!,
casi océano.

Aun así se posó sobre la farola
 y silbaba una estrofa.
 Llevaba una joya oscura encima,
 un arca que se ha abierto sin animales
 y un vaso de caracoles con hierbabuena.

9

Rosario quiso usar para la instalación un plato de ducha
sembrado de espigas
firmes
y doradas.

Nos fuimos al campo a recogerlas.

Estaba verde y lleno de hormigas
y allí discutimos sobre los pequeños detalles
y ambos pensamos que sería mejor abandonar

dejarlo morir allí
entre insectos y maleza.

Seguimos recogiendo espigas para el proyecto, pero pronto,
como un resorte por defecto,
dejamos de sonreírnos
dejamos de buscarnos

salvo nuestras manos
que se encontraban entre el trigo.

10

Ser inmortal no duró mucho.

Luego llegaron las arrugas
las canas las entradas
los vacíos y las tripas flojas
        y las madrugadas
servir cafés
        y los paréntesis
los viajes de domingo al campo cercano
        y la pérdida de inseguridades
        el aumento de miedos

        en mis treinta quise vivir como una sola célula en el fondo del océano.

Mil años
en una danza calmada y cómoda. Bajo una temperatura agradable
y un desfile de vida.

        Y vivir por inercia
        hasta que me canse o alguien se canse
        o Él
        se canse.
        O todo se acabe

o llegue el amor.

Soñaba con el fin del mundo, cuando todo se derramará sobre la mesa.

Imaginaba leviatanes y jinetes en la tierra
querubines en el cielo y aves sin matemáticas
un mar tranquilo y estático
    y liso pero ya sin pulso.

No paro de ver ballenas. Están en las camisetas, las empresas,
las canciones y los poemas;
las tripas y las noticias y las siestas. Y pienso
en Pinocho y en José Hierro
y en alguna chica
y en algunas texturas.

Son suaves las ballenas.
Como lijar grasa o chupar babosas

como cuando niños en las cazas de madroños.
          Y me ponen de buen humor.

Espero que en unas décadas sustituyan al perro y al canario
y todo el mundo tenga su ballena
y le ponga un nombre estúpido
y le compre jerséis por Amazon.

Alguno habrá que se case con una.

Rosa, tierna, suave y húmeda y flácida y corpulenta y mito
y valiosa y fuego y presa.

Como cualquier otra cosa que se me ocurra.

12

Hay insultos que con el tiempo
maduran hasta convertirse
en un gran cumplido.

Adorno decía de Puccini
que era música sencilla.

Cuando me dijiste que terminaría
solo
como mi padre,
quizás
adelantabas un gran elogio.

13

En la pureza del pájaro
criatura orgullosa

se bañan

en la orilla del volcán
donde las mujeres lavan
cuando vuelve el vértigo

empapado
somnoliento

truchas rojas de la alergia

al desempolvar
bajo la alfombra
los jardines.

14

En el piso de arriba vive Alicia

imagino que no hay escalera o ascensor

y solo se accede a través de una verdad.

Si se es pobre es lo máximo que se puede esperar

y que ella también lo sea —al menos tolerante—.

El corazón es de cera y trabaja bajo los focos.

Cada día la escucho tocar el piano
y mi apartamento se llena de Schubert
y de algunos otros. Todos bellezas muertas.

Cada noche la escucho hacer el amor,
no tiene otro término,
con quien no tiene cara
ese desconocido digno. Que cumple.

Nunca subo por temor a encontrarme con él
y hacerlo figurativo, como el perro de Goethe,
y que entonces se mude a mi casa
            y a mis días de música clásica
                        y a mis noches de estupor
                                    y a mis encuentros con el reflejo cuando

mientras arriba duermen
me cuento mis verdades.

15

El silencio a veces deja paso a la belleza.
A veces a una bofetada.
A veces a la tercera canción del recopilatorio de Atahualpa.
A veces a más silencio.
Nunca al vacío.
Nunca a la definición concreta.
Siempre expectativo como buscarse los ojos en mitad de un polvo.
O serrar con la parte lisa.

Lo pienso mientras no contestas.
Mientras miro por la ventana intentando esclarecer.
        Y desde tu ventana se ven todos los tejados de Madrid
        y algunas ventanas enfrentadas.
        Y en una de ellas aparece una señora, está bailando
        y me pregunto qué música la hace moverse así. Y, si es importante.

        Y retrocediendo me pregunto qué sería si hubieses contestado

o si vivieses en un bajo interior
o si aquella noche no hubiese entrado en Tinder.

No soporto tanta abrumación frente a una extraña.
Ni posar tan descuidado.

Ni renunciar.

Aún en la novedad
sin esperarlo
ya te amo.

No es solo conjunción
      es una paroxis azul donde nos encontramos

río y mar
coño y verga
un salón vestido de grafitis donde dormir
una epopeya cutre para elogiar
ese preciso instante del *pale blue eyes*
before the beginning y Carmen
Mar y sus camisetas con tetas
las manos en la espalda del paseante pensador
el gótico ardiendo
la noche de tangos en Elvas
con ese silencio previo especulativo

hasta que vuelva a coincidir
y nos hallemos

y nos crezcan frutas de las mejillas
y el derrame de la sangre concluya en un desfile
de bengalas y luciérnagas,
y de todas las naturalezas.

La primera mentira me la contó mi madre

en un Peugeot doscientos cinco azul
            huyendo de mi padre
de nuestra casa
del colegio

junto a mi hermano
en dirección a Madrid.

Más tarde nos establecimos en Mérida

            y después escapé andando al pueblo
            y me encontró la guardia civil en un campo
            y me negué a decir nada salvo mi nombre.

Me llamo Alberto
no tengo apellidos

Mi padre llegó el primero al cuartel
            y viví escondido en un desván
            y ahí creo que se rompió.

            Y desde entonces no soporto las fotografías

solo sale aquel niño oculto y
aquella farsa que era vestirse por la mañana.

La broma es esta:
haber adoptado la mentira.

18

Mi tío dice que somos la estirpe de los cobardes
hijos de los que huyeron de las guerras.

Los mosquitos ponen larvas en los charcos.

Estoy de acuerdo con él
cuando conduzco la M-40 en un atasco
      cuando se trata de amores
            cuando se habla de arte.

El resto creo que lo exagera.

El baño tiene setenta y seis baldosas azules y uniformes
de medio palmo por palmo y medio.

Lo primero que he hecho ha sido contarlas

me he tomado un año sabático
entre el champú y las sales
y las reverberaciones.

He puesto la bañera con agua ardiendo
y las baldosas se condensaron.
He puesto la bañera con agua helada
y las baldosas han corregido su temperatura.

He pintado sobre ellas con blanco de pasta de dientes
con verde de la pastilla de jabón.
He pintado un valle bajo un cielo turquesa
y las baldosas han sido un lienzo inmóvil.

He contado y sumado y lamido cada baldosa
hasta encontrar una rota en una esquina.

Falta un pequeño triángulo.

He comprado un marco para el triángulo ausente.
Uno en óvalo
como de retrato antiguo.

Queda precioso.

Conocí el insomnio cuando tenía veintiún años
estudiaba en Madrid y
vivía en casa de mi abuela.
Siempre fue buena con nosotros aunque ninguno
de sus hijos fue a su entierro
y murió sola y loca en un asilo de Mérida.
La última vez que la vi ya no me recordaba
y no tenía uñas ni pelo ni rostro.

Dos años antes aún vivía en Madrid
y su obsesión era bañar los muebles antiguos
en aceite de oliva.
Muebles de su padre y su marido,
ambos, médicos aristócratas.

En bragas y con un pincel extendía el aceite de las patatas
sobre los muebles
para mantenerlos.
Lo que en realidad hacía era crear colonias de cucarachas
y se extendían por los muebles
y por la casa
y por los suelos a oscuras
y devoraban el aceite
y las paredes nocturnas
y mis temores de dormir asediado y escalado.
Nunca he odiado algo tanto.

Y entonces llegó el insomnio.

Sus hijos la llamaban la loca.
Había sido una madre cruel
y una abuela atenta y cariñosa.
Parece algo aritmético.
Una especie de regla familiar.

Ahora, casi quince años después,
cada vez que veo un bicho de estos trepando alguna pared
o huyendo a las profundidades
veo a la loca
y sus cremas caras
y sus abrigos de piel gastados
y sus obsesiones
y su bolso siempre lleno de caramelos
y una carta que me escribió el año que estudié fuera.

        Tu abuela te quiere mucho.

Y una vez soñé que de la carta caían patitas de cucarachas
que había diseccionado en venganza
a mi abuela.

La reina de mi insomnio.

He venido solo al entierro de mi coche
de Fede
por Chopin.

Entro a revisar el interior
y me encuentro un diario de a bordo

una despedida tangible.

Hay discos debajo de los asientos
Love of Lesbian
Bach
Judas Priest.

Hay unas bragas
en el bolsillo de la parte trasera de los asientos delanteros.

Fede mantenía intactas mis relaciones
el fallo era mío.

He encontrado dinero y chicles
papel de fumar. Incluso una foto
de un amigo con el que no hablo ya.

Un calcetín.
Migas de pan.
Multas.

Quería despedirme de él.
Escribirle algo.

22

Di que sí a todo.

A veces hablas y caen tormentas

o un ligero gesto
premeditado

puede provocarlas.

Y vives esperando que caigan.
Entre redobles.

Una puerta que se abre sin llamar
una lección de historia
un pensamiento que difiere
una verdad abstraída.

A veces hablas y por la alteración
creas montañas

y arriba espera una silla
entre la nieve
como en las películas.

Piensas en abandonar,
pero te das cuenta.

Es entre las rocas
        entre las grietas
donde crecen los lirios.

23

Me dejé caer en la alfombra del salón.

La luz entraba como un golpe
los pantalones de Sara eran una bola
empapada
sobre la silla sobre la alfombra.

Y una gota de agua descendía
lenta
una pata de la silla.

Pensé que esperaría a que llegase al suelo
antes de dormir,

pero que no llegaría
antes de la hora de ir a trabajar.

24

No hay nada que cure la tensión cuando se acerca
coger el coche y salir a trabajar.

A cualquier trabajo.
Siempre.

La misma sensación ácida
agria
apática
totalmente grasosa.

Siempre.
Cualquier trabajo.

Reinas del valle
o señoras encantadoras
gente tan aburrida
que me rechinan los dientes
cuando pienso
estéril
en escapar.

Pienso en las últimas palabras de Pizarnik
en África
en qué esquina estará calentando el sol
en qué dirección están meciéndose los naranjos de la casa de mi padre
qué estará haciendo mi madre
a la mesa con mis hermanos.
Mis amigos en un bar.

En todas las lluvias que caen detrás del muro.

Con treinta y tres años aún no he visto nunca un muerto.
Los quitaron de las calles.

Me cuesta imaginarlo salvo algún fallo
un accidente
una caída.

O buscarme una novia forense.

Empezar a pasearme por los hospitales.
Esperando que alguien pase al otro lado.

No será una guerra
no será una enfermedad llevada al asco
no será heroico
no, espeluznante.

Será una muerte blanda.

Pero quizá me ayude a superar el miedo
de morir
como los demás.

Espero que sea joven y vigoroso.
Ella preciosa
prístina
histérica

y pierda el sentido por el dolor.

Que toda la sala enmudezca.

Era joven aún.

Querido o importante.

Necesito un miedo real.

26

Contemplar un ciervo ardiendo en la arena de la Barceloneta
mientras nos manifestamos
por que el hombre no come animales nocturnos.

Buscar señales de humo.
Apretar las nalgas en el baño de las discotecas
o navegar

o soñar con navegar
y
nunca
llegar
a hacerlo.

27

Imagina la panacea universal

tronco de mercurio que nace de su espalda
mientras duerme en posición fetal

capaz de invadir bacterias.

Imagina que solo tú puedes verlo
imagina que solo tú quieres verlo.
      Y del tronco nacen ramas y se crean en silencio

      y de las ramas brotan frascos que eclosionan en un chasquido.

Solo tú puedes beberlos
Solo tú tienes permitido beberlos.

Imagina que pueden salvar este libro

esa sensación constante de equívoco y error,
          nada más importa entonces.

No la política, no el arte, no la peor enfermedad.

Imagina si de sus uñas crecen sonatas.

28

Hay alguien que entiende que fumas por las películas de Kaurismäki
para no parecer ocioso
jamás.

También entiende que orinas
por defecto
en los lavabos de las casas donde te invitan.

Te reconoce en los fantasmas de la electricidad.

    Sabe por qué el *coloso*
        por qué el *ocaso*
        por qué el *retiro*.

Sabe que sufres con todo
para
no sufrir con profundidad.

Y que no lloras nunca.

Pero no es la nada lo que te preocupa,
solo el parecer desesperado. O poco convencido.

Existen prisiones.
Pero no es todo negativo.

Los hay calientes y comidos
con rutinas paternalistas
parte de algo.
Hijos
        las pueblan.

Hay quien se muere en hospitales
rodeados de otros muertos
o de moribundos
grises
amarillos
en plena asunción
mientras ven pasar a jóvenes con esguinces
por pasar una noche entera haciendo el amor.
Joder.

Hay cárceles nobles
hay cárceles justas
que se desean con todo el corazón

solo es necesario aceptarlo.

Quieres pasar tu vida en su cárcel
sin exigir carne los domingos.

Pero no todo tiene que ser tan dramático.

30

¿Qué dirán entonces de las carreteras?

Dirán que solo servían para transportar
frutas y gallinas
y enamorados y funcionarios.

Y verán la línea
que separa las direcciones.

31

Había un metal oxidado
hierro naranja.
Y había unas líneas blancas que a surcos nos guiaban.
Y habíamos dos o tres en charla inútil.
Y había una música de antes de haber nacido.
Y había un sentido en completo exilio.

Había una cara picada
y había y hubo todo
y todo exceso.

Nunca hubo respuesta.
Nunca hubo una búsqueda.

Hubo unos perros que aún me reconocieron
y estaba mi padre
viejo que me invitaba aún
a entrar.

32

Pasos mudos ascienden a tratar la enfermedad.
La escalera llora.
Una voz lee las aventuras de Schliemann en Egipto.
Y galletas sobre la estufa.

**Llevo días buscando un poema
que finalice este libro.**

**Desgranas algún evento
o lo intuyes
o lo construyes
le quitas el molde
lo nombras
le das verdad
　　cualquier verdad
le das ficción
　　cualquier ficción**

**estilo
tono
forma
estructura
forma y estructura.**

*Solo fue el contexto.
Abriste la conversación
hablando de la muerte,
pero te fuiste relajando.*

Estilo forma tono estructura
la temática es absurda
　　carente
　　vacua
todo es estilo
tono
forma
introducir la mano
contar hasta siete
que quede cartílago
constante
unísono
estructurado. En forma de hélice o de cascada.

Tranquila
con el sueño;
un paraguas
y un río amarillo
un abanico
y jardines bajo la alfombra
y lo subversivo del amor
tan ajeno.

Es sadomasoquista.
Es irrepetible.
Parece importante.

ÍNDICE